3138 (2)

Acte publié
Sur les testaments

FACULTÉ DE DROIT DE STRASBOURG.

ACTE PUBLIC

SUR

LA FORME DES TESTAMENS,

*Soutenu à la Faculté de Droit de Strasbourg, le Lundi
3 Août 1818, à quatre heures de relevée,*

POUR OBTENIR LE GRADE DE LICENCIÉ EN DROIT,

PAR

FRÉD. AUG. ENGELHARDT,

LICENCIÉ ÈS SCIENCES, BACHELIER ÈS LETTRES ET EN DROIT,

DE STRASBOURG (DÉP. DU BAS-RHIN).

STRASBOURG,

De l'imprimerie de LEVRAULT, impr. de la Faculté de Droit.

1818.

A

MES PARENS,

MES PROTECTEURS

ET

MES AMIS.

Recede in te ipse, quantum potes; cum his versare, qui te meliorem facturi sunt.
Sen.

M. Hᴇʀᴍᴀɴɴ, Chevalier de l'Ordre royal de la Légion d'Honneur, Doyen de la Faculté de Droit.

EXAMINATEURS :

MM. Lᴀᴘᴏʀᴛᴇ,
    Aʀɴᴏʟᴅ,   } Professeurs.
    Hᴇʀᴍᴀɴɴ,
    Bʟœᴄʜᴇʟ, Suppléant.

La Faculté n'entend approuver ni désapprouver les opinions particulières aux Candidats.

DE LA FORME
DES TESTAMENS.

INTRODUCTION.

La plupart des auteurs anciens qui ont traité des testamens, ont entamé cette matière en se livrant d'abord à d'amples discussions sur la première origine de cette sorte de dispositions.

Il ne nous reste que des notions très-vagues sur cet objet chez les Grecs et autres peuples de l'antiquité. Ce n'est que dans la législation des Romains, dont les lois politiques ont établi à cet égard des principes particuliers, que nous trouvons des notions plus étendues, et qui doivent d'autant plus nous intéresser que cette législation est devenue le fondement de la nôtre.

Selon le droit naturel, l'homme étant privé par la mort de la faculté de jouir de ses biens, il ne peut en disposer pour un temps où il cesse d'exister.

Le testament ou la faculté de disposer de ses biens pour un temps où l'on n'est plus, étant donc à considérer comme une institution purement de droit positif, l'étude des lois romaines n'en devient que plus essentielle.

DROIT ROMAIN.

En considérant le testament comme la déclaration légale de notre dernière volonté, par rapport à ce qui doit se faire de nos biens après notre décès[1], il y a deux sortes de choses à y observer.

---

1 L. 1, *ff. qui testam. fac. poss.*; Furgole, des testamens, ch. 2, n.° 2.

Les premières se rapportent aux dispositions mêmes : *formes internes, requisita intrinseca.* Les autres concernent les formes dans lesquelles le testateur doit s'exprimer : *formes externes ; requisita extrinseca, externa.*

I. *Formes internes des testamens chez les Romains.*

Les lois romaines exigeoient, pour la validité d'un testament, l'institution d'un héritier direct : *veluti caput aut fundamentum intelligitur totius testamenti heredis institutio.* [1]

Cet héritier succédoit dans tous les droits et obligations n'étant pas purement personnels au testateur ; celui-ci devoit par conséquent disposer de tous ses biens, et ne pouvoit mourir *pro parte testatus, pro parte intestatus. Earum rerum naturaliter inter se pugna est,* dit la loi 7, *ff. de regulis juris.* On n'est pas trop d'accord sur le vrai fondement de cette règle, dont la source est plutôt à rechercher dans la constitution politique des Romains que dans des points de droit.

Le testament est une juste et libre déclaration de notre dernière volonté. Il ne peut donc rien contenir qui puisse faire présumer que cette volonté ne soit point celle du testateur, ou, que son esprit étoit aliéné [2] au moment où il fit ces dispositions. Oui, le testateur lui-même ne peut point s'interdire la faculté de changer de volonté, et lors même qu'il auroit inséré une telle clause, rien ne l'empêcheroit d'y déroger. [3]

Le Législateur, voulant favoriser autant que possible le testateur, et craignant que des héritiers cupides ne tournassent contre lui sa volonté bien efficace, entachée seulement de quelque erreur pardonnable, ordonna que les dispositions dont le testateur auroit

---

1 §. 34, *I. de legatis.* — 2 §. 1 , *I. quib. non est permiss. facere testam.; l.* 17 , *ff. qui testam. facere poss.; l.* 9 , *C. de test.;* Thibaut, *Pand. Recht,* §. 797. — 3 *L.* 6, §. 2 , *ff. de jure codicill.*

allégué les motifs, subsisteroient, quand même ces motifs seroient erronés ou faux, tout comme une loi, qui est toujours valable, quoique mal motivée. Cependant l'exception de dol seroit admise pour renverser le testament, s'il étoit évident que le testateur n'eût disposé de la sorte qu'en supposant comme réellement vrai ce qui cependant ne l'est pas.[1]

Ayant indiqué les deux principes fondamentaux sur lesquels reposent les conditions requises pour la validité des dispositions testamentaires prises en elles-mêmes, et auxquels se rattachent facilement toutes les autres, c'est-à-dire, au premier, les qualités requises pour pouvoir être héritier, et au second, les capacités exigées pour pouvoir faire un testament et les clauses qu'on peut y insérer, je tâcherai de développer maintenant les diverses formalités requises pour constater que le testament exprime en effet la volonté du testateur.

II. *Formes externes du testament chez les Romains.*

L'origine du testament chez les Romains se perd dans l'obscurité de l'histoire des premiers temps de Rome.

Avant la loi des XII Tables, on ne pouvoit tester qu'*in calatis comitiis*, en temps de paix, et *in procinctu*, devant l'ennemi.[2]

Dans l'ancienne Rome la loi avoit réglé les successions *ab intestat* : loi d'autant plus importante que, conservatrice dans les diverses familles des biens dont ROMULUS avoit fait le partage, elle étoit étroitement liée avec la première organisation politique de Rome[3]. Il n'y avoit donc qu'une loi qui pût changer cet ordre des choses : *jus publicum privatorum pactis mutari non potest*[4] ; et celui qui vouloit se donner d'autres héritiers que ceux

---

1 L. 72, §. 6, *de conditionib. et demonst. ; l.* 1, *C. de falsa causa adj.* — 2 §. 1, *I. de testam. ordin.;* AULU-GELLE, *XV*, c. 27. — 3 MONTESQUIEU, Espr. des lois, l. 27, ch. 1. — 4 L. 38, *ff. de pactis; l.* 16, *de suis et legitimis heredib.*

que la loi appeloit comme tels , ne pouvoit atteindre ce but qu'en proposant son successeur dans une assemblée du peuple : *calatis comitiis.*

L'épithète de *calata*, qui paroît avoir été d'abord commune à tous les comices, fut ensuite restreinte à ces assemblées destinées plus particulièrement à des objets de culte. [1]

On y nommoit les rois des sacrifices, les Flamines, et en général on y traitoit toutes les affaires où l'intervention des suprêmes pontifes étoit nécessaire. De ce nombre étoient, sans doute, aussi les testamens et les arrogations, où il s'agissoit de transférer à d'autres personnes les Pénates, *sacra privata*, à la conservation desquels les pontifes étoient particulièrement chargés de veiller. *Sacra privata perpetuo sunto*, dit la loi des XII Tables. [2]

Les testamens faits dans ces assemblées étoient donc en effet des lois, et cette dénomination leur est restée même depuis dans la législation Justinienne, qui les assimile à des lois domestiques.

Comme en temps de guerre il n'étoit pas toujours possible de faire son testament dans des comices, la dernière volonté des guerriers étoit considérée comme tacitement ratifiée par la volonté du peuple. [3]

---

1 Vinnius , *ad* §. 1 , *I. de testam. ord.* — 2 Hugo, *Gesch. des römisch. R.*, §. 112. De là aussi l'opinion de plusieurs auteurs, que ces testamens se faisoient dans les comices, comme étant le seul mode de transférer les *sacra privata* : idée évidemment fausse, puisqu'alors le mariage par confarréation auroit également dû se faire *in comitiis*, tandis que cependant la seule intervention des pontifes y suffisoit. Heineccius, *Exerc. de origine testamentis*, §. 16. De même Théophile, dans ses Paraphrases aux Inst., §. 1 , paroît s'être trompé en croyant qu'on convoquoit expressément deux fois par an le peuple pour recevoir les testamens ; ce qui est en contradiction ouverte avec Aulu-Gelle ; Bouchaud, Mém. acad. t. 37, p. 268 ; Riccard, part. 1.re, n.° 1312, et autres. — 3 Heineccius, *de orig. testam.*, §. 15, nous fait observer, d'après Tite-Live, l. 8, c. 9, 10 ; l. 10, c. 28, 29 ; l. 26, c. 11, et Cic., *de nat. deor.*, l. 2, c. 3, que, dans tous les cas où un Romain se dévouoit pour le bien de sa patrie, sa volonté étoit observée comme une loi rendue et sanctionnée par toute la nation.

L'épithète de ces testamens, *in procinctu* ou *cinctu Gabino*[1],
tire son origine, non comme l'ont cru plusieurs auteurs, *de cin-
gere, cingulo, gladio incincto*; mais d'un ancien usage des La-
tins de se ceindre de leur toge dans des momens solennels, usage
introduit par les Gabiens, peuple du Latium, qui, surpris par
l'ennemi un jour au moment de leurs sacrifices, n'eurent que le
temps de relever leur toge pour aller combattre.[2]

On conserva depuis cet usage de se vêtir de la sorte, dans plusieurs occasions solennelles, tant religieuses que militaires; c'est
ce que faisoient les généraux qui se dévouoient, et tous les guerriers dans les momens de crise et d'alarme.[3]

Comme ce seroit peut-être trop restreindre l'usage du testament
in procinctu, de ne l'admettre que pour ceux qui se dévouoient
pour le bien public, ce seroit aussi trop l'étendre, que de l'admettre
au-delà des momens de danger, dans lesquels on consultoit toujours les auspices, d'autant plus que CICÉRON[4] prouve évidemment
qu'il étoit en liaison intime avec les cérémonies religieuses usi-
tées dans les anciennes guerres des Romains, et que cette forme
de tester, dont les dernières traces se trouvent dans VELLEJUS PA-
TERCULUS[5], cessa lorsque ces cérémonies tombèrent en désué-
tude.

On sent d'abord combien ces divers modes de tester étoient
hérissés de difficultés : aussi, dès que la loi des XII Tables eut établi le principe, *uti legassit suæ rei, ita jus esto*[6], et eut remis
ainsi entre les mains des particuliers la libre disposition de leurs

---

1 Appliqué souvent en général à des gens de guerre prêts à combattre, et pris
même dans l'acception d'une armée. — 2 BOUCHAUD, *l. c.*, p. 275, et suiv. —
3 HEINECCIUS, *de orig. test.*; BOUCHAUD, *l. c.* — 4 *De nat. deorum. I.* —
5 L. 11, c. 5. — 6 L. 120. *ff. de verbor. signif.*, où *legassit* est pour *legem dicere*,
c. à. d. la faculté de tester en général, ainsi que l'a démontré HEINECCIUS, *de
origin. testam.* : ce n'est que bien plus tard que le mot *legare* a été restreint aux
dispositions singulières.

biens pour le temps où ils ne seroient plus, sans cependant changer la maxime qu'un particulier ne sauroit pouvoir déroger aux lois et par conséquent au mode de succession *ab intestat*, on tâcha de réunir ces deux principes opposés et d'établir un nouveau mode de tester conforme aux vœux de la loi des XII Tables pour la transmission des *res mancipi*.[1]

On eut recours à la fiction d'une vente[2], qui se faisoit avec toutes les formalités requises pour la vente des *res mancipi*, c'est-à-dire, à un *familiæ emtor*, en présence d'un *libripens*, d'un *antestat*[3] et de *cinq témoins*[4], avec une formule et des solennités semblables à celles que Boetius[5] nous indique pour l'émancipation des enfans. *Is*, dit-il, *qui mancipio accipit æs tenens, ita dicit : Hunc ego hominem ex jure Quiritium meum esse aio ; is mihi emtus est hoc ære æneaque libra. Deinde ære percutit libram, indeque æs ei dat, a quo mancipio accipit quasi pretii loco.*

Avant que les Romains eussent de l'argent monnoyé, ils ne trafiquoient qu'au moyen de morceaux de bronze, *æs rudum*, qu'on prenoit au poids, en échange des marchandises[6] : cet usage de peser le prix d'une chose vendue, se maintint dans les solennités, pour les ventes des *res mancipi* et pour les ventes imaginaires, jusqu'aux temps des Empereurs.

Ce premier acte, appelé *familiæ mancipatio*[7], étoit suivi d'un autre, que les jurisconsultes nommoient *nuncupatio testamenti*.

---

1 Voyez, sur la différence de *res mancipi* et *nec mancipi*, Bynkershœk, *in opusculis suis*, t. II, *Hallæ*, 1729; et Schulting, *Jurisprudentia vetus antijustin.* sur le liv. 1, t. VI, §. 3, des I. de Cajus. — 2 Pour transférer ainsi la succession non par la dernière volonté du testateur, mais entre-vifs par une aliénation, Bynkershœk, *Obs. juris rom.*, l. 2, c. 2, p. 77. — 3 Selon un passage de Clément Alexandrin, l. 5, p. 574, et des I. de Cajus, l. c.; cf. passages de Pline, rapportés plus bas. — 4 Bouchaud, *l. c.*; Vinnius et Bachov, ad §. 1, I. de *testam. ordin.* — 5 *Ad topica* Ciceronis, l. 3. — 6 Plin. *Hist. nat. XXXIII*, c. 13, *XXXIV*, c. 1. — 7 *Frag.* Ulpiani, XX, §. 9; dans Schulting, p. 629.

On feignoit que la vente s'étoit faite sous certaines conditions, qui devoient être rigoureusement observées, selon les termes de la Loi des XII Tables, *qui nexum faciet, mancipiumque uti lingua nuncupassit, ita jus esto* [1]. En conséquence, après la vente, le testateur présentoit sa dernière volonté par écrit, en prononçant ces mots : *Uti in his tabulis cerisve scripta sunt, ita do, ita lego, ita testor, itaque vos Quirites testimonium perhibetote* [2]. Ensuite l'antestat pinçoit l'oreille des témoins et les exhortoit à se rappeler ce qui venoit de se passer. [3]

Par cette vente le domaine *quiritain* passoit au *familiæ emtor;* mais on y reconnut bientôt de nouveaux inconvéniens, et on commença à ne plus vendre la succession à l'héritier même, mais à un tiers, qui étoit tenu de la rendre à l'institué, dont le nom se trouvoit écrit dans le replis du testament cacheté, qu'on n'ouvroit qu'après la mort du testateur. [4]

Ce mode de tester fut long-temps le seul pratiqué à Rome; mais les préteurs, qui en sentirent les inconvéniens, introduisirent, déjà du temps de la république [5], un mode de succéder particulier, en donnant *bonorum possessionem secundum tabulas*, lorsque l'acte qui contenoit la déclaration de la dernière volonté, étoit muni des sceaux de sept témoins. [6]

Ce ne fut d'abord que d'après un testament écrit que cette *bonorum possessio* eut lieu, et ce n'est que par l'empereur GORDIEN que celle d'après un testament nuncupatif fut admise. [7]

Le nombre de sept témoins qui devoient apposer leurs sceaux, étoit vraisemblablement exigé par le préteur, puisqu'il falloit la

---

1 HEINECCIUS, *de orig. testam.* — 2 ULP. *frag. l. c.* — 3 SCHULTING, *ad frag.* ULP.; BOUCHAUD, *l. c.;* PLINE, *Hist. natur. Est enim in aure memoriæ locus, quem tangentes antestamur, l.* XI, *c.* 45. — 4 BOUCHAUD, *l. c.,* conforme aux Paraphr. de THÉOPHILE, §. 1, des testam. ord. — 5 CICERO, *in Verrem,* c. 45. — 6 §. 2, *I. de testam.* ord. — 7 L. 2, C. *de B. p. secund. tabul.;* PUFFENDORF, *Obs. juris universi,* obs. 138.

présence de sept personnes pour faire valablement un testament *per æs et libram*, cinq témoins, un *libripens* et un *antestat*.[1]

Enfin se présente la forme testamentaire introduite par les constitutions des Empereurs, qui nous intéressera le plus, comme réunissant les formalités adoptées par JUSTINIEN dans la compilation de son Code, et dans lesquelles nous devons rechercher la source de la plupart des règles du Code civil.

C'est THÉODOSE le jeune qui entreprit le premier de réunir en ce point le droit civil avec le droit honoraire du préteur, et d'établir une forme stable pour la confection des testamens : *Cæpit in unam consonantiam jus civile et prætorium jungi*, dit l'auteur des *Inst.*, §. 3, *de testam. ord.* On sent facilement pourquoi le testament selon les constitutions des princes a tant de rapport aux testamens antérieurs, et pourquoi souvent on peut lui en appliquer les dispositions.

La rigueur des formes testamentaires étoit relâchée quelquefois à l'égard de certaines personnes ou circonstances. Il sera à propos de traiter cette matière en la divisant en deux parties, dont l'une contiendra les testamens ordinaires, et l'autre les testamens privilégiés.

I. *Testamens ordinaires.*

Ces testamens se font ou par écrit ou verbalement, et s'appellent alors *testamentum scriptum seu nuncupativum*. Les formalités requises pour leur validité concernent également ces deux espèces, ou l'une d'elles seulement, et sont ou *communes* ou *spéciales*.

Les formes *communes* sont : *l'unité d'acte*, *unitas actus*, c'est-à-dire la continuité et non-interruption dans la confection d'un testament.

---

[1] Voyez p. 6. Plusieurs auteurs, entre autres GRENIER, d'après les Pandectes de POTHIER, regardent le septième témoin comme tenant lieu du *familiæ emtor* et non de l'antestat.

Cette mesure, si sage pour éviter toute fraude, provient soit de ce que les premiers testamens se faisoient dans les comices, où cette unité étoit d'une nécessité absolue [1], soit de ce que le testament *per æs et libram* étoit une action solennelle, *actio legitima*, de rigueur sujette à l'unité d'acte. [2]

Il ne faut donc point, pendant la confection du testament, divertir à d'autres actes non relatifs au testament même [3], et les personnes requises pour y être présentes ne doivent point s'absenter [4], excepté les cas de petits besoins. [5]

La présence *de sept témoins*. Le préteur avoit exigé sept témoins pour donner *bonorum possessionem secundum tabulas* : les Empereurs demandèrent le même nombre pour la validité des testamens qu'ils admirent par leurs constitutions; mais, pour servir de témoin dans cet acte, il falloit non-seulement avoir la capacité de faire soi-même un testament [6], mais encore plusieurs autres qualités, savoir :

1.º On devoit être mâle, pubère, citoyen romain [7]. HEINECCIUS [8] et d'autres veulent trouver l'origine de ces dispositions dans la capacité qu'on devoit avoir autrefois pour assister aux comices : VINNIUS et BACHOV [9] croient qu'ils proviennent de ce que, dans les actes où la loi exige des témoins pour la solennité, il faut choisir les personnes qui jouissent de la plus grande confiance; d'ailleurs, la pudeur du sexe doit éloigner naturellement les femmes de toute fonction publique [10]. Le principe, que celui qui ne pouvoit faire un testament ne peut non plus valablement en attester la confection régulière, suffiroit pour écarter les impubères et les

---

1 HEINECCIUS, *l. c.* — 2 HELLFELD, *Jurispr. for.* §. 1412. VINNIUS, *I.*§. 3, *Verbo uno eodemque tempore.* — 3 HŒPFNER, *Comm.* §. 464, *note* 1. — 4 L. 20, §. 8; *l.* 21, §. 31, *ff. qui testam. fac. pos.; l.* 21, *C. de testam.* — 5 L. *cum antiquitas*, 8, *C. de test.* — 6 §. 6, *I. de testam. ord.* — 7 L. 20, §. 6, *ff. qui testam. fac. pos.*; §. 6, *I. de testam. ord.; l.* 21, *C. de testam.* — 8 *de origine testam.* §. 22. — 9 *Ad* §. 6, *I. de testam. ord.* — 10 GRENIER, des donat. et test., p. 44, 2.ᵉ édit.

étrangers, et il est à croire que les femmes étoient de ce nombre, puisque le Droit ancien leur refusoit le pouvoir de tester [1], et que ce même droit les assimiloit pour toujours aux mineurs. [2]

2.° On devoit être sain d'esprit [3]. Ne pourront donc être témoins ni les furieux [4], ni les imbécilles, ni tous ceux que les juges avoient interdits de la libre administration de leurs biens. [5]

3.° On devoit encore jouir d'une réputation intègre, et ne point être exclu par la loi du nombre de ceux qui pouvoient faire des testamens ou recevoir à ce titre. [6]

4.° Il falloit avoir les qualités physiques nécessaires. Ne sauroient donc être témoins les sourds et les muets [7], ni l'aveugle dans un testament écrit. Il est encore très-controversé s'il pouvoit être témoin dans un testament nuncupatif : la plupart des auteurs anciens ne l'admettoient pas ; mais, comme le testament nuncupatif n'a pas besoin d'être signé, et que la loi 9, *C. de testam.*, ne paroît pas applicable à ce testament [8], plusieurs autres auteurs pensent qu'il ne produit en ce cas point de nullité. [9]

5.° Sont encore exclus du nombre des témoins, comme ne pouvant être auteurs dans leur propre cause, l'héritier [10], et tous ceux qui font juridiquement une et la même personne avec lui, tels que son fils, son père, ou son frère qui seroit avec lui sous la même puissance paternelle.

---

1 Hœpfner, *Comm.* §. 464, *not.* 1. — 2 Everard Otto, *Diss. de perpetua fem. tutela, in dissert. juris publici et privati.* Hugo Gesch. des röm. Rechts, p. 64, 215, 375. — 3 §. 6, *I. de testam. ord.* — 4 Excepté le cas où ils auroient des momens lucides, *l.* 20, §. 4, *ff. qui testam. fac. poss.* — 5 L. 18, *pr. eodem.* — 6 L. 18, §. 1, *eodem; l.* 5; §. 9, *de injuriis; l.* 3, *C. de apostatis; l.* 4, *C. de hereticis et Manichæis.* Une exception en faveur des hérétiques seulement est faite par la L. 21, *C. de hereticis; cf,* Furgole, chap. 3. sect. 2, n.° 11. — 7 §. 6, *I. de testam. ordin.* — 8 Voyez la note pag. 12. — 9 Vasquius, *Illust. contr. C.* 103, *n.°* 17. Hœpfner, *Comm.* §. 445. Thibaut, *ff.* §. 692. — 10 *Quia hoc totum negotium, quod agitur testamenti ordinandi gratia, creditur hodie inter testatorem et heredem agi,* §. 10, *I. de test. ord.*

Ce n'est cependant point à Justinien qu'il faut attribuer cette institution. Selon Vinnius[1], l'héritier ne fut admis comme témoin dans le testament *per æs et libram* que depuis qu'il ne remplissoit plus les fonctions de *familiæ emtor*, et étoit devenu ainsi étranger à l'acte même[2]; usage encore aboli depuis, si le *proœmium* de la loi 20, *qui testam. fac. poss.*, n'est point une interpolation de Trébellien, ou ne se rapporte pas à un autre testament que celui *per æs et libram*, Ulpien, *frag. XX*, §. 2, ne parlant nullement de cette prohibition. La forme testamentaire introduite par le préteur et les constitutions des Empereurs faisant derechef présumer l'héritier être auteur dans sa propre cause, on l'exclut de nouveau des témoins habiles.[3]

6.° Ne peuvent point être témoins, comme représentant, selon le Droit romain, la même personne que le testateur, son fils non émancipé; son père dans la puissance duquel il se trouvoit encore[4], ou ses frères qui étoient avec lui sous la même puissance paternelle.

Tous autres, soit parens ou alliés d'un des témoins, soit légataires ou fidéicommissaires, pouvoient valablement être témoins.[5]

La capacité de ces témoins n'étoit à considérer qu'au moment de la confection du testament, qui n'étoit point vicié par une incapacité survenue depuis, aussi peu que par des qualités seulement putatives.[6]

---

1 *Ad* §. 10, *I. de testam. ord.* — 2 Cicero *pro Milone*, c. 18, §. 48. — 3 Vinnius, *l. c.* — 4 §. 9, *I. de test. ord.*, avec lequel la L. 20, §. 2, *ff. qui test. fac. poss.* est en contradiction manifeste. Vinnius, *ad dict.* §. *n.°* 4, et Guil. Masius, *singulares opinion.*, à consulter sur toute la matière des témoins. — 5 §. 10 et 11, *I. de testam. ord.*; *l.* 20, *ff. qui testam. fac. poss.* — 6 §. 7, *I. de testam. ord.*; *l.* 3, *ff. de officio prætoris*, auxquels les lois 4 et suiv., *testam. quemadm. aper.*, ne sont point contraires, leurs dispositions n'étant plus à considérer comme une solennité essentielle à la validité d'un testament. Lauterbach, *Colleg. theor. pract.*, *tit. qui test. fac. poss.*, §. 63.

Les témoins devoient être expressément *rogati* [1], assister volontairement sans être retenus de force [2], et exercer leurs fonctions en présence et à la vue du testateur. [3]

Passant aux formalités particulières du *testament écrit*, il est naturel d'examiner en premier lieu celles qui concernent l'écriture elle-même, comme le plus essentiel de cette forme de disposer. Ou bien le testament étoit écrit en entier de la main du testateur, *holographum*, et alors il n'étoit pas nécessaire qu'il le signât [4]; ou un autre l'avoit écrit pour lui, *allographum*. Dans ce dernier cas, deux circonstances pouvoient se présenter : si le testateur savoit et pouvoit signer, il devoit apposer son seing à la fin du testament en présence de sept témoins ; sinon il devoit en faire appeler un huitième, qui signât pour lui. [5]

D'abord Justinien avoit ordonné que le testateur écrivît le nom de l'héritier de sa propre main, ou le fît écrire par le huitième témoin [6]; mais il retrancha cette formalité par le chap. 9 de la Novelle 119.

Il étoit d'ailleurs égal en quelle langue [7], sur quelle matière [8], ou avec quels caractères le testament fût écrit, pourvu que ce ne fussent point des signes extraordinaires, *notæ*, et que le tout fût lisible [9]:

---

1 L. 21, *ff. qui test.*, *fac. poss.*; l. 21, *C. de testam.* — 2 L. 20, §. 10, *ff. qui test. fac. poss.* — 3 L. 9, *C. de testam.* Cette loi, selon Hœffner, *Com.* §. 445, n'est cependant applicable qu'au testament écrit d'un homme qui jouit de la vue, et l'on ne peut en induire qu'on doit absolument se voir mutuellement ; car alors un aveugle ne pourroit point tester, chose évidemment fausse. — 4 L. 28, §. 1, *C. de testam.* — 5 L. 21, *C. de testam.* — 6 L. 19, *C. de testam.*; §. 4, *I. de testam. ord.* — 7 L. 21, §. *ult.*; l. 15, *C. de testam.* — 8 §. 12, *I. de testam. ord.*; l. 4, *ff. bonor. poss. secund. tabulas*; l. 15, *C. de testam.* Dispositions très-importantes dans l'ancien Droit, les matières dont on se servoit pour écrire ayant été très-différentes, comme on peut le voir : Plin. *Hist. nat. lib.* 13, c. 11; Quintil. *Inst. orator.*, l. 1, c. 1; Mabillon, *de re diplomatica*. etc. — 9 L. *ult.*, *ff. de B. p.*; Vinnius, ad §. 12, *I. de testam. ord.*

néanmoins, avant que Constantin le grand[1], et plus tard Justinien[2], eurent aboli les formules latines pour les legs, ceux-ci ne pouvoient pas être faits dans une autre langue[3], et l'institution d'héritier devoit être déclarée en termes impératifs. Ce testament étoit ensuite présenté aux témoins par le testateur, peu importe qu'il fût clos ou scellé, et que les témoins en connussent le contenu ou non, pourvu que chacun d'eux y apposât son seing et son sceau, *annulo subsignando*[4], exprimant, en signant, le nom du testateur.[5]

Pour la validité du *testament nuncupatif*, il falloit seulement que le testateur énonçât en entier[6] sa dernière volonté de vive voix, en présence de sept témoins, dans une langue qu'ils comprenoient[7], de sorte que les témoins pouvoient même se faire donner des explications sur une disposition qu'ils n'entendoient pas parfaitement[8]. Ainsi, comme dans cette espèce de testament le tout doit être énoncé verbalement, on ne peut se rapporter, pour l'institution de l'héritier, à une cédule ou un écrit séparé[9], qui étoit admis dans un testament écrit. [10]

Il est important de remarquer que, lorsque les témoins, pour subvenir à leur mémoire, avoient rédigé ou fait rédiger la déclaration du testateur, le testament ne changeoit pas pour cela de nature, et que, si cet acte ne jouissoit pas des qualités requises pour la validité d'un testament par écrit, la dernière volonté du défunt

---

1 L. 15, *C. de testam.* — 2 §. 3, *I. de testam. ord.* — 3 Ulp. *Fragm.* 20, §. 9. — 4 L. 12, *l.* 21, *C. de testam. ord.* ; §. 6, *I. eod.* — 5 L. 30, *ff. qui testam. fac. poss.;* Furgole, des test., ch. 2, sect. 3, n.° 24. Viglius Zuichemius *ad* §. 5, *I. de testam. ordin.* — 6 L. 25, *qui testam. fac. poss.; l.* 29, *C. de testam.; l.* 21, §. 2, *C.; l.* 26, *eodem.* — 7 §. 14, *I. de testam. ord.;* Vinnius, *eodem. n.°* 2. — 8 Faber, *Error pragm.* D. 69, E. 2. — 9 Walch. *Introduct. in controv. de forma testam.,* §. 9. — 10 L. 77, §. *de heredib. inst.; l.* 38, *ff. de condit. et demonst.; l.* 25, *ff. de rebus dubiis;* Leyser, *specimen* 351, *m.* 9. C'étoit alors ce que les Romains appeloient un testament mystique.

n'en étoit pas moins efficace, cet écrit ne servant alors qu'à inter-
préter la déposition des témoins. [1]

De même on tient qu'un testament écrit qui auroit été lu en
entier aux témoins, mais qui, par quelque défaut, ne pourroit valoir
comme tel, peut être maintenu comme testament nuncupatif.

Cette opinion est fondée sur ce que, 1.° ce testament fait verbalement étoit valable dès que le disposant avoit énoncé sa volonté
entière en présence des témoins, sans qu'il eût besoin de leur
déclarer qu'il entendoit tester de la sorte. [2]

2.° Ce n'est point l'acte rédigé qui fait l'essence du testament,
mais notre volonté déclarée selon l'une des formes voulues par la
loi. [3]

II. *Testamens privilégiés ou extraordinaires.*

Les priviléges accordés aux testamens par le Droit romain, et
qui concernent tantôt seulement leur forme, tantôt aussi leur matière, font diviser cette partie en deux sections.

1.° *Testamens privilégiés tant pour la forme que pour la matière,
comprenant le testament militaire et celui de la cause pie.*

Nous avons vu, à l'occasion du testament *in procinctu*, que ceux
qui mouroient pour la patrie jouissoient à Rome, déjà dans les
temps les plus reculés, de certaines prérogatives à l'égard de leur
dernière volonté.

Du temps des Empereurs, où, l'empire romain ayant atteint
son plus haut degré de splendeur, le luxe commença à amollir
les mœurs, il falloit avoir recours aux grandes récompenses et aux
priviléges pour ranimer l'esprit militaire chez un peuple qui lui
devoit toute sa gloire.

---

1 Furgole, ch. 2, sect. 1.ᵉ, n.° 29; Puffendorf, *obs.* 138; Nonius, *Interpret.
in nonnullos titul. I.* p. 8; Sichard, *in l.* 21, §. 2, *C. de testam.* — 2 Furgole,
des testam., ch. 2, sect. 1.ᵉ, n.° 17; *l.* 26, *C. de test.*; Leyser, *sp.* 353, *m.* 7;
Thibaut, *ff.* §. 693. — 3 Puffendorf, *obs.* 138.

Nous voyons déjà JULES-CÉSAR[1] tâcher de s'attirer davantage l'amour de ses soldats, en leur accordant momentanément des faveurs pour la forme des testamens, faveurs confirmées et étendues depuis par ses successeurs.

ULPIUS (L. unique au *ff. de bon. p. ex test. mil.*) voit avec raison ces priviléges motivés par le danger du métier, *functione periculorum ;* mais cela ne suffit pas pour leur donner autant d'étendue qu'ils en ont dans les lois romaines, et il est d'autant plus évident que des raisons politiques en sont le vrai fondement, que les motifs allégués par TRAJAN[2] et JUSTINIEN[3] ne sont que vagues et futiles.

Selon plusieurs auteurs, les soldats jouissoient de ces faveurs avant JUSTINIEN, en temps de paix comme en temps de guerre[4] ; mais cet empereur les restreignit aux soldats en campagne, *in expeditione*[5]. Cette expression n'étoit usitée que lorsqu'on se trouvoit devant l'ennemi, et étoit en opposition avec le mot *sedes*, qui désignoit les garnisons ou quartiers d'hiver des troupes romaines. [6]

Quoique ce ne soit point proprement ici le lieu de traiter des priviléges internes accordés aux testamens militaires, il faut cependant observer que, dans ces testamens, 1.° on pouvoit instituer quiconque l'on jugeoit à propos, excepté les personnes prohibées expressément par la loi.

2.° Le soldat n'étoit point obligé de délaisser[7] la légitime : il pouvoit mourir en partie *testat*, en partie *intestat*, et faire plusieurs testamens, tous valables, s'ils ne se dérogeoient point mutuellement.

3.° Le soldat pouvoit tester sans être sûr de son état[8], c'est-à-

---

1 L. 1, *ff. de testam. milit.* — 2 L. 1, *ff. de testam. milit.* — 3 *Pr. I. de mil. test.* — 4 DONELLUS, *Comment. juris civilis, l.* 6, c. 28 ; COSTA *ad pr. I de test. milit.* — 5 L. 17, *C. de test. milit. pr. I, de milit. test.;* VINNIUS, BACHOV, VIGLIUS ZUICHEM. et autres à ce passage ; STRYK, *Caut. test.,* c. 9. — 6 VEGETIUS, *de re militari, l.* 3, c. 4, commenté par STENVECH ; cf. ses remarques, p. 250, à ce ch. — 7 LAUTERBACH, *Colleg. th. pract. ad ff. de test. milit.,* §. 13. — 8 L. 11, §. 1, *ff. de testam. milit.*

dire, dans l'incertitude s'il étoit *sui* ou *alieni juris;* faculté interdite aux autres citoyens, *pagani*[1] : mais il lui étoit interdit, comme à tous les autres, d'insérer des clauses captatoires[2], ou infames[3] et frauduleuses.

Les priviléges concernant les formes externes étoient si vastes qu'on ne peut presque pas assigner de forme à ces sortes de dispositions : *Quomodo possint ac velint, testentur.*[4]

Il ne faut point de témoins quand le testateur a écrit sa dernière volonté[5], et il est égal que cela se fasse avec des lettres ou des signes tachigraphiques, *notæ.*[6]

Proinde, sicut juris rationibus licuit, ac semper licebit, si quid in vagina aut clipeo litteris sanguine suo rutulantibus adnotaverint, aut in pulvere inscripserint gladio suo, ipso tempore quo in prælio vitæ sortem derelinquunt, hujus modi voluntatem stabilem esse oportet[7]. Les lois remettent donc toutes les solennités ordinaires; mais il ne résulte pas de là qu'elles n'exigent point une preuve évidente et la volonté sérieuse du testateur[8], et il paroît que, surtout dans le dernier cas exprimé ci-dessus, il falloit au moins deux témoins pour constater la véracité des faits.[9]

Par la même raison, dans un testament *nuncupatif*, deux témoins, parmi lesquels peuvent se trouver même des femmes[10], suffisoient pour prouver l'intention[11] du testateur. Ces témoins n'ont également pas besoin d'être appelés, *rogati.*

---

1 LL. 14, 15, *qui testam. fac. poss.* — 2 L. 11, *C. de test. mil.* — 3 L. 29, §. 2, *ff. de testam. mil.* — 4 L. 15, *C. eod.* — 5 Pr. I. *eod.; l.* 24, *ff. eod.* — 6 L. 40, *ff. eod.;* Brisson, *de verbor. signification.*, *h. verbo.* — 7 L. 15, C. *de test. mil.* — 8 LL. 24, 40, *ff. eod.* — 9 Vinnius, *ad pr. I. de mil. test.* Stryk, *caut. test.*, c. 9, §. 9. — 10 Viglius Zuichem. ad §. 6, I. de mil. test.; Nonius, *interpr. eodem;* Lauterbach, *Col. th. pr. ad ff. de test. mil.*, §. 17. — 11 Bachov et Vinnius, *ad* §. 1, *I. de mil. test.;* Lauterbach, *l. c.*, §. 16, contre Théophile, qui n'exige qu'un témoin.

Mais il faut que le testateur ait eu l'intention prononcée et sérieuse de faire un testament, et qu'il n'ait point nommé son héritier par pure plaisanterie. [1]

Ce n'étoient pas les militaires [2] seuls qui jouissoient de ces priviléges : les lois les ont encore étendus à la plupart de ceux qui se trouvoient aux camps et partageoient avec les soldats les dangers de la guerre [3], avec la seule restriction que le testament devenoit caduc, s'ils ne périssoient point à cette occasion [4]; tandis que ceux des gens de guerre restoient valables jusqu'à leur démission, et même, si cette démission étoit honorable, pendant l'année suivante. [5]

Le testament contenant une cause pie, *ad pias causas*, introduit par le pape ALEXANDRE III, ch. 2, *de testam.*, pour les terres de l'Église, et étendu depuis à tous les lieux où les lois civiles n'y étoient point contraires [6], est compté par quelques auteurs parmi les testamens privilégiés, tant pour la matière que pour la forme; puisque, selon eux, le fils de famille peut tester de la sorte avec le consentement de son père [7], et qu'on peut y remettre l'institution d'héritier à la libre volonté d'un tiers. [8]

Les papes n'exigent pour ces testamens aucune solennité; il ne faut point de témoins pour celui écrit, et deux seulement pour celui fait verbalement. [9]

---

1 §. 1, *Inst. de milit. test.*; *l.* 24, *ff. de test. mil.* — 2 *Id est, qui in numeros relati sacramento tenentur.* VINNIUS, *ad pr. Inst. de mil. test.*; LAUTERBACH, *l. c.*; *l.* 42, *ff. eod.*; *l.* 3, *C. de castrense peculio*, avec lesquels il ne faut pas confondre les *milites togati.* — 3 *L. un.*, *ff. B. p. ex test. mil.*; BYNKERSHŒK, *Obs.*, *l.* 4, *c.* 20 : telles étoient même les femmes des soldats; *l.* 1, *C. de uxorib. milit.* — 4 *L.* 44, *ff. de test. mil.* — 5 *L.* 21; *l.* 26, *pr.*; *l.* 28, §. 1, *eod.* — 6 HEINECCII *Inst.*, §. 463; STRYK, *caut. test.*, *c.* 12, §. 1; FURGOLE, ch. 2, sect. 1.ʳᵉ, n.° 110 et suiv. — 7 G. L. BŒHMER, *Princip. jur. canonici*, §. 615; STRYK, *l. c.*, §. 2. — 8 F. C. HARPRECHT, *de eo qui extremam volunt. in alterius dispositionem committit. Tub.* 1749. — 9 LAUTERBACH, *l. c.*, §. 81, qui cite les diverses opinions à cet égard.

2.° *Testamens privilégiés seulement quant aux formes externes.*

Cette section comprend,

1.° Les testamens en forme publique, appelés ainsi comme tenant leur force de la présence d'une personne publique à laquelle on les a confiés ; tels sont :

Le testament fait devant le prince, *principi oblatum*, ou devant des députés envoyés à cet effet par lui, soit verbalement[1], soit par écrit, et accompagné d'une supplique[2], introduit par la *L. Omnium testamentum*, 19, *C. de testam.*

Le testament déposé près d'une autorité publique, *magistratui oblatum*. Cet acte devoit renfermer toutes les qualités d'un testament ordinaire, et n'étoit déposé que pour plus de sûreté.[3] Il est encore douteux que les Romains aient connu le testament *apud acta*, c'est-à-dire, fait verbalement devant un juge ou magistrat qui en tient dûment procès-verbal, admis cependant par la pratique en Allemagne et autrefois en France.[4]

2.° Les dispositions faites seulement entre particuliers, auxquelles on avoit attaché quelques priviléges en faveur des circonstances, telles que :

a) Les testamens *inter liberos*. Les faveurs accordées à cette espèce de testamens se fondent en général sur le respect que les enfans doivent à la volonté de leurs parens, et surtout sur la puissance accordée à Rome au père de famille. Ils furent d'abord établis par les empereurs Dioclétien et Maximien[5], et confirmés depuis par le urs successeurs.[6]

---

1 Admis par plusieurs auteurs, niés par d'autres ; Stryk, *caut. test.*, c. 7, §§. 13 et 18. — 2 Lauterbach, *l.c.*, *qui test. facere poss.*, §. 45. — 3 Hœffner, *Comm.* §. 443, *not.* 1. — 4 Furgole, ch. 2, sect. 1.re, n.° 91. — 5 L. 16, *C. familiæ ercisc.*; Lauterbach, *l. c. de test. mil.*, §. 24. — 6 L. 26, *C. fam. ercisc.*; *l.* 21, *C.*, §. 1, *de testam.*; Nov. 18, c. 7; Nov. 107.

Ces priviléges, accordés aux ascendans des deux sexes [1], consistoient en ce que ,

Dans le testament écrit il suffisoit que les parens écrivissent en entier, ou signassent ce testament, s'il étoit écrit par un autre, en désignant de leur propre main la portion attribuée à chacun des enfans. Cet acte devoit énoncer clairement et en toutes lettres la part assignée à chaque enfant [2], et, selon la traduction vulgaire (*vulgata*) des Novelles, être daté. [3]

Dans le testament nuncupatif, au contraire, il falloit deux témoins pour prouver la volonté des testateurs ; forme qui ne paroît point rigoureusement fondée dans le Droit romain [4], mais admise par la plupart des auteurs et même en pratique. [5]

Cette matière, hérissée de controverses dans la jurisprudence ancienne, étant réduite par le Code civil aux formes prescrites pour les testamens ordinaires, on pourra voir sur ces questions les divers auteurs anciens. [6]

b) Testament *en faveur des héritiers ab intestat.* Déjà du temps d'ULPIEN [7], un testament imparfait, dans lequel on instituoit des héritiers *ab intestat* omis ou exhérédés dans un premier testament, étoit considéré comme valable et détruisoit la première disposition. Ces considérations déterminèrent JUSTINIEN à réduire le testament postérieur de l'espèce aux seules qualités nécessaires pour la validité d'un codicille.

c) Le testament *fait à la campagne.* Les habitans de la campagne étant rarement très-instruits, et comme même il est souvent im-

---

1 L. 21 , §. 1 , *C. de test.; Nov.* 107, pr.; *cf. l.* 513 , *V. S.* — 2 *Nov.* 107. — 3 Le texte grec ne recommande cette formalité que comme utile ; HŒPFNER, §. 460. — 4 FURGOLE, ch. 2, sect. 1.ʳᵉ, n.° 50; HELLFELD, *Juris. for.*, §. 1482. — 5 HEINECCII *Inst.* §. 460. — 6 Tels que ceux indiqués par HŒPFNER, §. 460; HELLFELD, *Jurispr. for.*, §. 1482 : WALCH, *in contr. de forma test.*, §. 16 *et sq.*; STRYK, *caut. test.*, c. 10 ; FURGOLE, ch. 2, sect. 1.ʳᵉ, n.° 30 et suiv.; LEYSER, *sp.* 367. — 7 L. 2 , *ff. de injusto rumpt.*, etc.

possible d'y trouver sept témoins qui possèdent toutes les qualités requises, JUSTINIEN établit[1] que, dans ces circonstances, cinq témoins suffisoient, et que, lors même qu'ils ne sauroient pas écrire, l'un d'eux pourroit signer pour les autres ; mais pour que ce privilége pût avoir lieu, il falloit qu'on eût agi de bonne foi, et qu'en effet on n'eût pu trouver le nombre de témoins capables exigé d'ordinaire.

JUSTINIEN ayant indiqué, comme motif de ces faveurs, nonseulement la difficulté de se procurer des témoins capables, mais encore la simplicité des campagnards, il est douteux s'il a voulu en exclure les autres personnes qui, se trouvant par hasard à la campagne, voudroient y faire un testament.[2]

d) Le testament *fait en temps de peste*. Les communications étant toujours très-dangereuses avec les individus attaqués de maladies contagieuses, le Législateur a prévu les difficultés qui pourroient en résulter, en remettant, en cas d'épidémie, la nécessité de l'unité d'acte dans la confection des testamens.

Les lois n'ont du reste rien changé aux autres formes requises pour ces sortes d'actes, et ce n'est que par suite de diverses interprétations et l'usage introduit, que l'on s'est contenté de moins de sept témoins : c'est là l'origine des discussions auxquelles cette forme de tester a donné lieu.[3]

e) Les testamens des personnes qui ne jouissent point de tous leurs sens, et dont les formalités ont été augmentées pour donner plus de sûreté à des dispositions tant exposées à la suggestion en pareilles circonstances, termineront ce paragraphe.

Une personne à la fois sourde et muette étant présumée ne pas pouvoir manifester sa volonté, JUSTINIEN établit qu'elle ne pourra tester, si elle ne sait écrire.[4]

---

1 L. 31, *C. de testam.* — 2 HELLFELD, *Jurispr. for.*, §. 1486 ; WALCH, p. 193. — 3 LAUTERBACH, *eod.* §. 38. — 4 L. 10, *C. qui test. fac. poss.*

Si elle n'est que sourde et qu'elle puisse parler, Justinien, supposant que l'homme le plus sourd peut entendre ce qu'on lui dit, *si supra cerebrum loquatur*[1], lui permet de faire un testament écrit; de même que celui qui n'est que muet: mais ces principes, établis par les constitutions des Empereurs, sont contraires à l'ancien Droit, tant civil qu'honoraire.[2]

Les aveugles avoient, selon Paulus[3], la faculté de faire un testament nuncupatif, tout comme un homme qui jouit de la vue; mais la *L.* 8, *C. qui test. fac. poss.*, les soumit aux formalités suivantes :

Ils devoient non-seulement nommer leurs héritiers, mais encore en faire une description exacte devant sept témoins et un tabulaire, ou à son défaut devant un huitième témoin appelé pour écrire ces dispositions; ou s'ils les avoient déjà fait rédiger, elles devoient être lues devant ces mêmes personnes, qui étoient obligées de les signer et d'y apposer leurs sceaux.[4]

Plusieurs auteurs ont voulu assimiler aux aveugles les individus qui ne savent ni lire ni écrire; mais les deux espèces n'avoient rien de commun entre elles, sinon qu'il falloit, pour l'une et l'autre, un huitième témoin, qui signât pour le testateur.[5]

Codicilles.

Le mot *codicille*, qui en latin a diverses significations[6], est pris ordinairement en jurisprudence pour toute disposition de dernière volonté moins solennelle qu'un testament, et qui, ne contenant point d'institution d'*héritier directe* ou toute autre clause équivalente[7], n'établit que des legs, des fidéicommis, etc. Ces codicilles

---

1 *Dicta l.* 10, *et* Menagii *Amænit. jur. civ.*, c. 27. — 2 Ulp. *frag. IX*, §. 13; *l.* 6, §. 1, *ff. qui test. fac. poss.* — 3 Pauli *Sent. lib.* 3, *tit.* 4, *de testam.* §. 4. — 4 Hœpfner, *Comm.* §. 469; Furgole, ch. 2, sect. 1.ʳᵉ, n.° 98. — 5 Leyser, *specim.* 353. — 6 Gessner, *Thes. ling. latinæ*, *h. v.* — 7 §. 2, *Inst. de codicill.*, et Hœpfner, *h. t.*; Furgole, ch. 2, sect. 7.

étoient tous valables [1] , s'ils ne contenoient point de contradictions, comme autant de charges imposées aux héritiers soit *ab intestat*, soit testamentaires : de là leur division en *codicilli testato, vel intestato*. Ils n'eurent d'abord point de force obligatoire, aussi peu que les fidéicommis, et leur exécution dépendoit de la pure volonté de l'héritier ; ce n'est que sous AUGUSTE qu'on leur attribua cette qualité. [2]

Il y a des auteurs qui ne veulent point reconnoître la validité des codicilles faits verbalement et admis autrefois dans la pratique. Ni le Digeste [3] ni les Institutes [4] n'exigent pour les codicilles plus de témoins que le nombre requis pour établir toute autre preuve judiciaire ; mais les Empereurs en demandèrent aussi pour la solennité [5], et ordonnèrent que dans les codicilles on devoit observer l'unité d'acte et agir en présence de cinq témoins, qui cependant n'avoient pas besoin d'être *rogati*, mais devoient signer l'acte. [6]

Les codicilles confirmés par un testament, soit d'avance soit après coup, jouissoient de certaines prérogatives avant que la différence entre les legs et fidéicommis particuliers fût levée [7]; mais depuis ils ont été assimilés aux autres codicilles, à l'exception que plusieurs auteurs prétendent qu'ils n'ont pas besoin d'être faits en présence de témoins [8] : ils sont d'ailleurs annulés ou maintenus avec le testament qui les a confirmés. [9]

On peut voir, sur les questions relatives aux codicilles, qui se confondoient déjà dans le Droit coutumier avec les testamens, les commentateurs du Droit romain. [10]

La clause dite *codicillaire*, que le testateur avoit la faculté d'a-

---

1 *L.* 6, §. 1, *ff. de jure codicill.* — 2 *Pr. Inst. de codicill.*; VINNIUS, *eod.* — 3 *L.* 3, §. 1, *de jure codicill.* — 4 §. 3, *Inst. de codicill.* — 5 *L.* 1, *C.* THEODOS., *de test.; l. ult.,* §. 3, *C. de codicill.* — 6 *L. ult.,* §. 3, *eod.* — 7 VINNIUS, *ad* §. 1, *de codicill.* — 8 WALCH, *p.* 336, *editio* 3. — 9 *L.* 6; *l.* 3, §. *ult., de jure codicill.; l.* 1, *C. de codicill.* — 10 Tels que ceux cités par HŒFFNER et VINNIUS; *ad Inst. de codicillis;* et HELLFELD, *Jurispr. forens.,* §§. 13, 15 *et sq.*

jouter à son testament, produisoit l'effet de faire valoir le testament nul, comme codicille adressé aux héritiers *ab intestat.* [1]

Cette clause, qui ne pouvoit valider les dispositions nulles en elles - mêmes, servoit cependant à changer l'institution d'héritier directe en institution fidéicommissaire, en vertu de laquelle le testament redevenoit exécutoire.

Mais elle n'étoit pas sous-entendue, comme l'ont voulu plusieurs auteurs, et devoit s'ajouter expressément. [2]

DROIT FRANÇOIS.

Avant de passer à l'état actuel de la législation françoise, il sera à propos de jeter un coup d'œil rapide sur les dispositions qui régloient cette matière avant le Code civil. La France étoit divisée entre le Droit écrit et les coutumes. Dans les provinces régies par le Droit romain, ses dispositions étoient rigoureusement observées; cependant il s'y étoit introduit d'ancienne date l'usage, provenant sans doute de l'ignorance qui régnoit au moyen âge [3], que ni le testateur ni les témoins ne signoient les testamens : il en étoit de même des parties dans les contrats et autres actes; tout au plus on y apposoit son monogramme [4]. Mais déjà sous François Ier on sentit tous les inconvéniens de cette coutume, et nos Rois ont tâché d'y remédier peu à peu par les ordonnances de 1539, 1560, 1579.

Il devient évident par là pourquoi on cessa d'exiger les sceaux en France [5], d'autant plus que les anneaux sigillaires n'étoient plus en usage, et pourquoi, avant l'ordonnance de 1735, on trouve dans les diverses Cours supérieures des jurisprudences si controversées sur le nombre des témoins exigés pour valider un testament.

---

1 L. 29, §. 1, *ff. qui test. fac. poss.; l.* 41, *ff.*, §. 3, *de vulg. substit.; l. ult., C. de codicill.* — 2 L. 1, *ff. de jure codicill.; l.* 29, *C. de fideicom.;* Walch, *l. c.* — 3 Montesquieu, *l. c.,* l. 28, ch. 9. — 4 Furgole, ch. 2, sect. 1.re, n.° 11. — 5 Riccard, *des donat.,* part. 1.re, n.° 1344.

Nonobstant l'ordonnance de Moulins de 1667, qui défendoit la preuve testimoniale pour toutes choses excédant 100 livres, on admit toujours, dans les pays de Droit écrit, cette preuve pour le testament nuncupatif dans le sens des lois romaines. Cependant on ne tarda pas d'en remarquer les inconvéniens, et l'on essaya d'y remédier, en faisant rédiger la nuncupation du testament en forme d'un acte notarié et authentique[1]; mais la nullité de cet acte, qui étoit dans le même cas que l'écrit qu'auroient fait rédiger les témoins pour aider leur mémoire[2], n'entraînoit point celle du testament, dont le contenu pouvoit toujours se prouver par témoins.

Il est naturel que, dans les pays coutumiers, où le principe conservateur des biens dans chaque famille étoit en opposition avec le Droit romain, nous ne voyions s'introduire que peu à peu la faculté de disposer par testament.[3]

Avec le principe on adopta aussi les formes, dont on put avec d'autant moins de danger adoucir la rigueur, que la faculté de disposer étoit très-limitée[4]. Ainsi, ne pouvant changer l'ordre des successions *ab intestat*, et ne pouvant faire, pour ainsi dire, que quelques dons particuliers, l'institution d'héritier devint inutile et même contraire aux lois en quelques lieux.

C'est dans ces pays coutumiers qu'on voyoit généralement établi le testament olographe (c. à d. écrit en entier de la main du testateur), emprunté de la forme du testament *inter liberos*, ou plutôt adopté d'abord selon la Novelle 2[5] de l'empereur VALENTINIEN, qui avoit généralement admis cette forme, et maintenu par les pays coutumiers; tandis que ceux de Droit écrit, en adoptant le Code Justinien, découvert au 12.ᵉ siècle, en restreignirent

---

1 FURGOLE, ch. 2, sect. 2, n.° 23; RICCARD, p. 1, n.° 1378. — 2 Cf. testam. nuncupatif, *supra*. — 3 Faculté absolument ignorée des anciens Germains, selon TACITE, *de morib. Germ.*, c. 20. — 4 On ne pouvoit donner par testament que les acquêts et certaine portion des propres seulement : FERRIÈRE, Dict. de dr.; GRENIER, des donat. et test. p. 159 et suiv. — 5 Au Code Théodosien.

l'usage aux testamens *inter liberos* [1]. L'ordonnance de 1629 essaya en vain de rendre cette forme générale pour tout le royaume; elle ne put y parvenir, les parlemens ayant de nouveau restreint par l'enregistrement cette forme aux testamens *inter liberos*.

Le droit canonique introduisit, par le *chap. X, de testamentis*, la faculté de faire un testament devant un curé, usage qui fut admis, pour cause d'utilité, par les ordonnances d'Orléans et de Blois, et même étendu par elles aux vicaires et desservans. Mais ces personnes ne faisoient qu'imprimer aux testamens le caractère de publicité et d'authenticité; les testamens devoient d'ailleurs être faits avec toutes les formalités voulues par les lois ou coutumes.[2] Le même usage fut encore étendu par analogie aux aumôniers et vicaires des armées et hôpitaux.

L'ordonnance de 1735 fut la première qui établit qu'en France tout testament, même celui nuncupatif, doit être rédigé par écrit. Elle maintint la distinction de pays de Droit écrit et coutumiers, et, conservant aux premiers presque toutes les formalités du Droit romain, elle ordonna que, dans les pays coutumiers où il n'y avoit point de lois ou statuts contraires, on ne pût tester que par testament olographe, ou par testament nuncupatif rédigé par un notaire.

Cette même ordonnance rendit générales, pour toute la France, les formes des testamens faits par des militaires ou en temps de peste; comme l'ordonnance de 1687 sur la marine avoit déjà établi la forme du testament maritime.

LÉGISLATION ACTUELLE.

Le Code, ayant donné des règles générales tant sur la portion des biens disponibles que sur les capacités requises pour disposer valablement de ses biens, fixe d'abord les principes parti-

---

1 GRENIER, t. Ier, p. 490, dans la note, et RICCARD, p. 1.re, n.° 1484. —
2 FURGOLE, ch. 2, sect. 2, n.° 2 et suiv.

culiers aux donations entre-vifs, et ensuite ceux concernant les testamens, dont il désigne en premier lieu les formes, pour passer de là aux diverses dispositions qu'ils peuvent contenir, et au mode de leur exécution ou de leur révocation.

Déjà le chancelier d'Aguesseau tâcha de remédier, par l'ordonnance de 1735, à la diversité de jurisprudence qui régnoit à l'égard des testamens en France; mais ce n'est que par la publication du Code civil qu'il a été possible d'atteindre le but vers lequel ce savant magistrat avoit frayé le premier passage. [1]

« Le plus grand défaut, dit M. Bigot de Préameneu dans l'ex-
« posé des motifs, que la législation sur les testamens ait eu chez
« les Romains et depuis en France, a été celui d'être trop compli-
« quée. On a cherché les moyens de la simplifier.

« On a donc commencé par écarter toute difficulté sur le titre
« donné à la disposition. Le testament vaudra, à quelque titre
« qu'il ait été fait. »

On a vu, dans l'exposé du Droit romain, les motifs de la nécessité de l'institution d'un héritier dans les principes de ce Droit. Des raisons analogues à celles admises par les coutumes firent rejeter, par les rédacteurs du Code, une maxime qui tenoit plutôt à l'état politique de Rome qu'à l'essence des testamens. On trancha toutes les difficultés, en abolissant par l'article 967 les anciennes différences entre les divers modes de donner par testament.

Quoiqu'on puisse disposer sous quelque titre que ce soit, le contenu de l'acte doit cependant indiquer si l'on a entendu disposer pour un temps où l'on n'est plus, ou entre-vifs, afin que l'on puisse juger si les formes requises pour ces divers cas ont été observées.

Un testament ne pourra être fait dans le même acte par deux

---

[1] Voyez ses lettres sur les testamens, t. IX, p. 400, 430, etc., de ses Œuvres; 4.°; Paris, 1776.

ou plusieurs personnes; règle conforme à l'article 77 de l'ordonnance de 1735, établie pour prévenir les difficultés que présentoit sur ce point le Droit romain.

Les formes particulières à observer pour la confection d'un testament, admises par le Code, sont: *le testament olographe*, *le testament par acte public*, et *le testament mystique*, auxquels il y a cependant à faire quelques exceptions en faveur de certaines personnes ou circonstances.

I. *Testament olographe.*

Ce testament, dont nous avons vu l'origine en parlant de l'ancienne législation françoise et dont le Code a généralisé l'usage, est la manière de tester la plus simple; il n'exige pour toute solennité que d'être écrit en entier, daté[1] et signé[2] de la main du testateur.[3]

Ces testamens, qui sont à considérer, pour leur forme externe, comme des actes sous seing privé, jouissent cependant d'une date certaine, tout comme les actes authentiques.[4]

II. *Testamens faits avec l'intervention d'un officier public.*

Le testament par acte public et le testament mystique jouissent d'un caractère de publicité et d'authenticité qui leur est imprimé par les notaires et les témoins qui concourent à leur rédaction. Les dispositions qui concernent ces personnes, sont la plupart communes à ces deux espèces.

I.° *Des notaires.* Les testamens où l'intervention des notaires

---

1 D'Aguesseau, dans ses œuvres, t. IX, p. 408; Riccard, p. 1.ʳᵉ, n.° 1549. — 2 Grenier, des donat., n.° 226 et suiv. — 3 Art. 970, C. C. — 4 Merlin, Quest. de droit, t. IX, p. 167; Riccard, p. 1.ʳᵉ, n.° 1560, contrairement à diverses coutumes qui les regardoient comme authentiques.

est nécessaire, ne jouissant de leur authenticité que par le ministère de ces officiers, doivent être assimilés aux autres actes notariés, et la loi générale du 25 Ventôse an XI, sur le notariat, doit leur être applicable en tous points où le Code civil ne contient point de dispositions expresses ou contraires.

L'exposé fait par M. Merlin dans un réquisitoire à la Cour suprême [1] met surtout en évidence combien il est essentiel d'observer cette loi, pour parer aux inconvéniens et aux contradictions qui autrement seroient inévitables.

En conséquence le notaire ne peut recevoir aucun testament,

1.° Hors de son ressort;

2.° De ses parens ou alliés, à tous degrés en ligne directe, et collatérale jusqu'au degré d'oncle et de neveu inclusivement;

3.° Qui contiendroit quelque libéralité en sa faveur, sauf l'exception à faire au testament mystique [2];

4.° En concurrence avec un autre notaire, parent ou allié aux degrés susdits.

Ils doivent eux-mêmes écrire ces actes [3] et, outre les mentions exigées pour chaque espèce de testament en particulier, faire encore, à peine de nullité, celle des lieu, jour et an où l'acte a été passé, de la demeure des témoins, de leur signature, ainsi que de celle du testateur. [4]

II.° *Des témoins.* Toutes les personnes qui peuvent porter témoignage en justice, ne peuvent pas être témoins testamentaires; il faut à cet effet,

1.° Être mâle et majeur (art. 980, C. C.; conforme à l'ordonnance de 1735; cf. les lois rom.).

2.° Être sujet du Roi, jouissant des droits civils. Cette disposi-

---

1 Journ. des aud. de la Cour de cass., par Denneron, 1809, suppl. p. 201.—
2 Cf. Grenier, n.° 249. — 3 Art. 972, 976 et 979, C. C.; cf. ord. 1735, et d'Aguesseau, t. IX, p. 495. — 4 Art. 14, 1. du 25 Vent. XI; cf. avis du Conseil d'État, du 16 Juin 1810.

tion, plus étendue que celles du Droit romain et de la loi sur le notariat, exclut formellement les étrangers [1], les morts civils, et ceux auxquels l'exercice des droits civils est interdit en tout ou en partie. [2]

3.° Jouir des qualités physiques nécessaires. Ne seroient point recevables comme témoins les aveugles, les muets et les sourds; mais il n'est point de rigueur qu'on entende la langue dans laquelle le testament est écrit. [3]

4.° Ne point être suspect de connivence, ou paroître auteur dans sa propre cause, tels que le seroient,

a) Les légataires et leurs parens jusqu'au quatrième degré inclusivement, excepté dans l'acte de suscription du testament mystique. Il paroît cependant que, si le témoin avoit écrit pour le testateur l'acte qui contient sa dernière volonté, qu'il eût ainsi connoissance des dispositions y contenues, il est également à écarter de l'acte de suscription du testament mystique; ce qui paroît aussi devoir se dire d'un notaire légataire qui eût écrit le corps du testament comme personne privée. [4]

b) Les clercs et les serviteurs des notaires. [5]

c) Les parens du testateur ou du notaire à tous degrés en ligne directe, et en collatérale jusqu'au degré d'oncle ou de neveu inclusivement. [6]

Il ne doit être jugé de la capacité des témoins qu'au moment de la confection du testament; une incapacité survenue postérieurement, ou des qualités purement putatives, ne peuvent pas nuire à l'acte reçu. [7]

---

1 Le cas excepté où des faits particuliers d'un grand poids pourroient déterminer les juges à les considérer comme sujets du Roi. — 2 Art. 22, C. C.; art. 18, 28, 34, 42, 43, C. pén. — 3 L. 20, §. 9, *qui test. fac. poss.;* FURGOLE, ch. 2, sect. 1.ʳᵉ, n.° 3. — 4 GRENIER, t. I.ᵉʳ, p. 482. — 5 980 C. C., art. 10; loi du 25 Vent. XI. — 6 Art. 10, *l. c.* — 7 FURGOLE, ch. 3, sect. 1.ʳᵉ, n.° 5; DOMAT, lois civiles, p. 394; GRENIER, t. I.ᵉʳ, p. 467.

III.° *Unité d'acte.* Quoiqu'elle ne soit formellement requise que pour le testament mystique, l'interruption dans la réception des testamens a trop d'inconvéniens et pourroit donner lieu à trop de contestations pour qu'il ne soit pas généralement recommandable de l'observer. [1]

1.° *Testament public.*

Ce testament, qui a tiré son origine du testament nuncupatif des Romains, rédigé en forme d'un acte notarié, doit être reçu par un notaire en présence de quatre témoins, ou par deux notaires en présence de deux témoins ; formalités adoptées par le Code, par une espèce de transaction entre la législation des pays de Droit écrit et les coutumes. [2]

Il sera dicté par le testateur à l'un des notaires, qui, après l'avoir écrit, doit en donner lecture en présence des témoins, et faire du tout mention expresse (art. 972).

Ces articles, conçus avec la plus grande clarté, n'en laissent pas moins indécise la question de savoir si les notaires peuvent se servir de termes équipollens ou non; mais, quoiqu'il soit évident, selon la plupart des auteurs tant anciens que modernes, que les termes de nos lois ne sont point tellement sacramentaux qu'on ne puisse absolument s'en écarter, il est néanmoins si difficile de trouver des expressions qui rendent tout ce qu'elles désirent, qu'il n'est point sage de s'en écarter. [3]

Le testament doit être écrit en françois, sauf à y ajouter à mi-marge une traduction dans l'idiome du pays [4]. Il suit de là, ainsi

---

1 L'art. 23, ord. 1735, n'en parle également pas ; et l'art. 13, l. sur le notar., n'exige que la rédaction dans un seul et même contexte. — 2 Exposé des motifs, par M. Bigot, art. 971, C. C. — 3 Voyez Ricard, p. 1.ʳᵉ, n.° 1503 et suiv. Grenier, n.° 252 et suiv. — 4 Décret du 24 Prairial an XI, et lettres du Grand-Juge, des 4 et 20 Thermidor an XII.

que des observations de M. Maleville, que le notaire n'est point absolument astreint à écrire mot à mot les expressions du testateur, mais qu'il peut les rédiger en bon et intelligible françois.

Le testament sera signé,

a) Par le testateur, et ce de son vrai nom de famille[1], ou, s'il ne peut signer, il sera fait mention dans l'acte de sa déclaration, ainsi que de la cause qui l'empêche de signer, sans qu'il soit besoin d'appeler un témoin de plus.[2]

b) Par les témoins. En thèse générale, tous les témoins doivent signer : ce n'est qu'à la campagne que la signature de la moitié suffit; mais il est très-difficile de déterminer l'extension du mot *campagne*, le Code ne décidant rien à cet égard.

c) Par les notaires (art. 14, 1. du 25 Ventôse an XI; cf. article des notaires, pag. 27 et suiv.).

2.° *Testament mystique.*

C'est encore le Code civil qui a généralisé l'usage de cette forme, qui n'étoit admise que dans les pays de Droit écrit, comme remplaçant le *testamentum scriptum* des Romains, dans lequel nous trouvons aussi la source du grand nombre de solennités qui semblent devoir le garantir contre les fraudes auxquelles cette espèce est particulièrement exposée. La disposition de ce testament étant de nature[3] à rester inconnue aux témoins et au notaire, qui cependant par l'acte de suscription doivent lui imprimer le caractère authentique, on conçoit aisément pourquoi le Code a expressément exigé que le testateur puisse au moins lire, afin d'avoir une garantie que la volonté exprimée au testament est effectivement celle du testateur, et qu'elle n'a pas été suggérée par l'écri-

---

1 Grenier, t. 1.ᵉʳ, p. 444; Riccard, p. 1.ʳᵉ, n.° 1525. — 2 Art. 973; Riccard, *l. c.* — 3 Exposé des motifs.

vain, si le disposant ne l'a pas écrit lui-même. C'est aux articles 976 et 977 du Code civil qu'on trouve le meilleur exposé qu'on puisse donner du testament mystique.

Il résulte des savantes observations de GRENIER et de RICCARD[1], qu'un testament mystique, dont l'acte de suscription est nul, ne peut valoir comme testament olographe : une décision contraire rendroit l'article 979 absolument inutile. Mais, cette nullité n'étant fondée que sur la présomption que le testateur vouloit faire un testament mystique et non un testament olographe, il paroît qu'il faut décider que, lorsque le testateur a expressément stipulé que, si le testament ne pouvoit valoir comme mystique, il devoit être considéré comme olographe, il est à maintenir comme tel.[2]

III. *Testamens privilégiés.*

Le nombre des formes privilégiées se trouve de beaucoup inférieur, dans notre législation, à celui admis par les lois romaines. Non-seulement il ne peut plus être question des testamens offerts aux princes ou aux juges, mais encore les simplifications dans la matière testamentaire en général ont fait disparoître la distinction entre les testamens privilégiés quant au contenu et aux formes à la fois, et ceux privilégiés quant aux formes seulement.

Le testament des père et mère en faveur de leurs descendans est aujourd'hui soumis aux mêmes formes que les autres dispositions, de même que celui contenant une cause pie.

Le privilége du testament portant institution d'héritiers *ab intestat*, omis ou exhérédés dans un premier testament, a disparu avec la possibilité de l'exhérédation : la révocation d'un testament

---

1 T. I.ᵉʳ, p. 488, partie 1.ʳᵉ, n.° 1609, à consulter sur toute cette matière. — 2 Cf. Motifs qui faisoient admettre à Rome la clause codicillaire; RICCARD, p. 1.ʳᵉ, n.° 1617; MERLIN, Quest. de droit, t. IX, p. 94, et ci-dessus art. *test. nuncup.*

antérieur ne peut se faire que dans les formes voulues par l'article 1035.

En traitant du testament par acte public, il a été question du testament fait à la campagne, et à l'occasion du testament mystique il a été parlé de celui des personnes qui n'ont pas la jouissance de tous leurs sens.

Le Code a si bien et si clairement exposé les formalités à observer pour testament militaire, pour celui fait en temps de peste, sur mer, ou en pays étranger, qu'il devient superflu d'entrer sur cet objet dans de plus amples développemens.

FIN.